AF258312

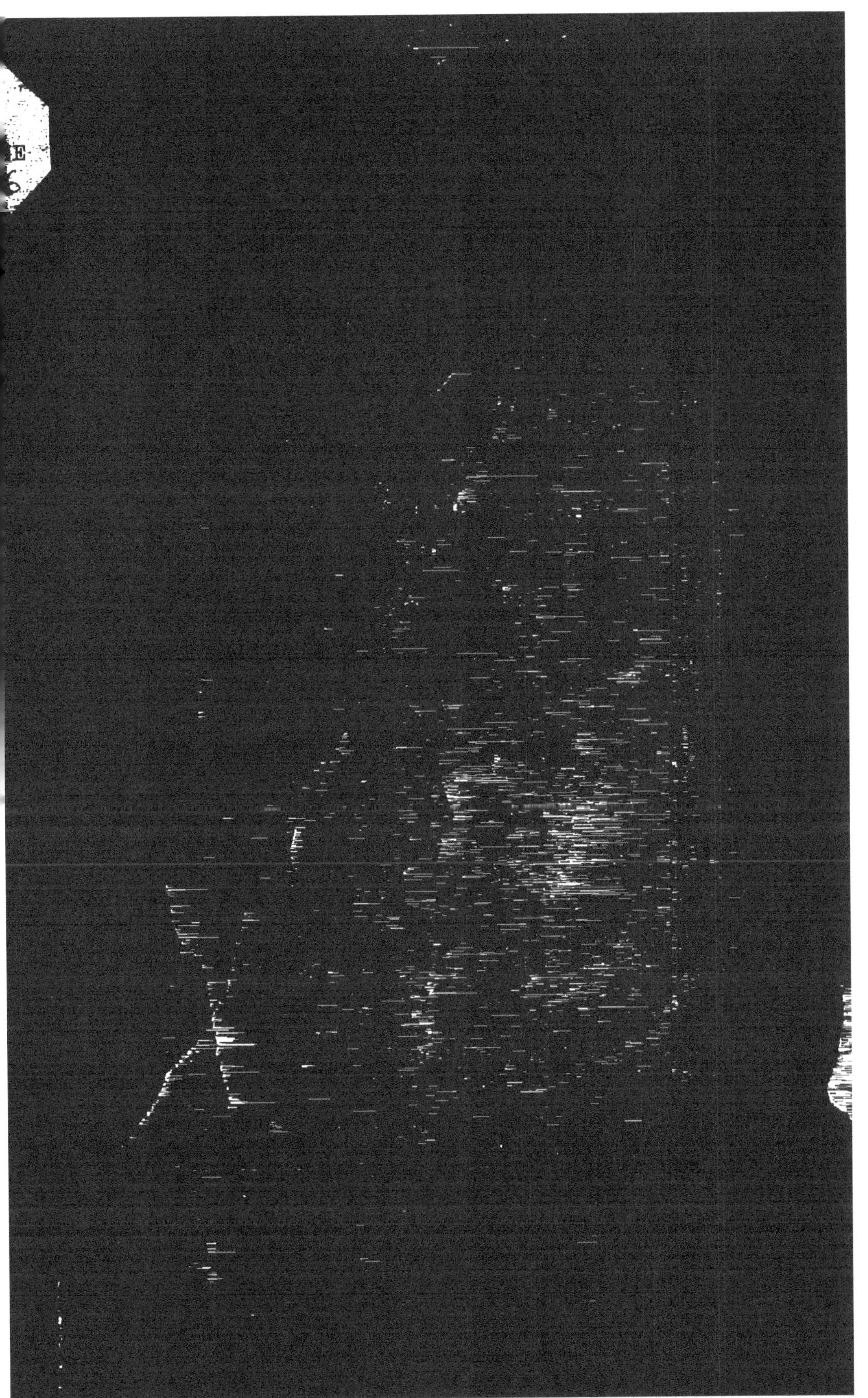

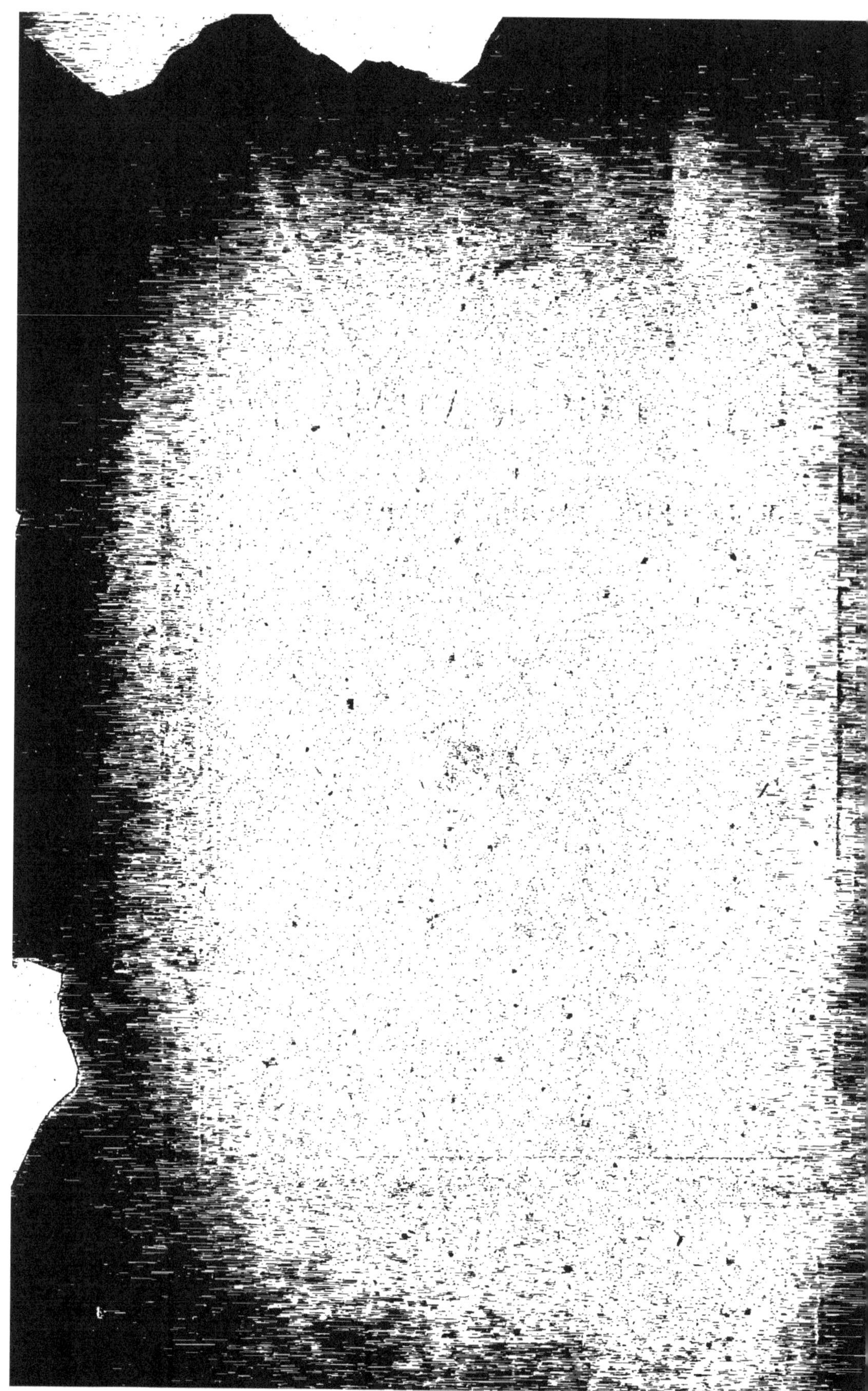

INSTITUT DE FRANCE

ACADÉMIE DES BEAUX-ARTS

NOTICE

SUR

M. LE DUC D'AUMALE

PAR

M. LE PRINCE AUGUSTE D'ARENBERG

MEMBRE DE L'ACADÉMIE

Lue dans la séance du 12 novembre 1898

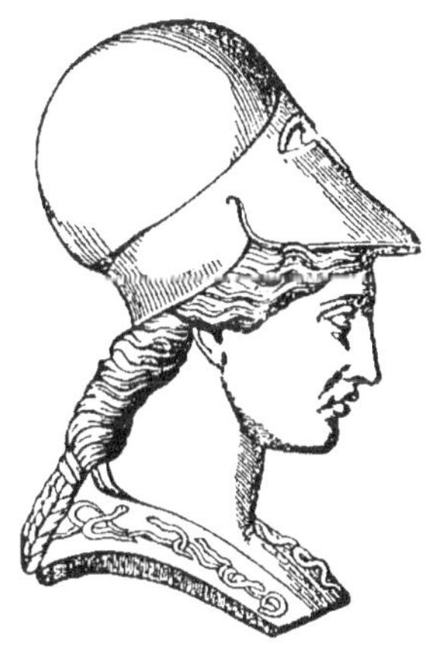

PARIS

TYPOGRAPHIE DE FIRMIN-DIDOT ET Cie

IMPRIMEURS DE L'INSTITUT DE FRANCE, RUE JACOB, 56

M DCCC XCVIII

INSTITUT.
1898. — 26.

INSTITUT DE FRANCE

ACADÉMIE DES BEAUX-ARTS

NOTICE[1]

SUR

M. LE DUC D'AUMALE

PAR

M. LE PRINCE AUGUSTE D'ARENBERG

MEMBRE DE L'ACADÉMIE

Lue dans la séance du 12 novembre 1898

MESSIEURS,

A la date du 23 juillet 1677, Mme de Sévigné écrivait :
« M. le Prince est dans son apothéose à Chantilly… vivant
au milieu d'un concours continuel de beaux esprits qui,
à l'envi les uns des autres, vont l'entretenir. Il raconte
volontiers et familièrement dans son domestique les grands
événements de sa vie; mais quand il parle de combats et
de batailles, il semble qu'il n'y ait jamais eu aucune part.

(1) Plusieurs renseignements contenus dans cette notice sont dus à
l'obligeance de MM. G. Berthaut, G. Macon, Daumet et Gruyer.

C'était une chose admirable de voir un si grand prince dans sa retraite. »

Qui pourrait, en lisant ces lignes, ne pas songer à Monseigneur le duc d'Aumale et ne pas trouver qu'elles semblent avoir été écrites aussi bien pour le héros de la Smalah que pour le vainqueur de Rocroy?

La plupart d'entre nous ne l'ont connu que dans son apothéose de Chantilly, comme disait Mme de Sévigné; mais, comme elle, nous avons été pénétrés d'admiration en voyant le prince dans sa retraite.

D'autres ont déjà dit et rediront encore les qualités de l'homme de guerre et les talents de l'écrivain. Ils rappelleront les grandes actions des campagnes d'Afrique et le noble emploi des heures d'une retraite prématurée. Nous n'examinerons, en ce moment, que l'un des aspects de cette belle figure et, laissant de côté ce qui lui donne le plus de grandeur et le plus de force, nous rechercherons seulement ce qui a contribué à lui procurer tant de charme, et ce qui a créé, entre lui et nous, des relations et un attachement dont le souvenir reste impérissable.

Nous pourrions nous contenter de suivre le prince dans les galeries de Chantilly dont il aimait tant à faire les honneurs aux personnes qu'il recevait. Chemin faisant, il nous révélerait sa merveilleuse érudition et aussi son goût ou plutôt sa passion pour les manifestations de l'art sous toutes les formes où elles peuvent se produire.

Personne assurément ne pouvait lui contester le titre d'amateur très éclairé, car il a donné des preuves constantes de ses connaissances artistiques, mais il recherchait surtout les impressions que les œuvres des artistes provoquaient chez lui. Quoique très sensible à la beauté de la forme, celle-ci lui importait peut-être moins que la beauté de la pensée, et il croyait sans doute que « l'art est un mode d'expression, par la forme et par la couleur, des sentiments de l'artiste ».

Cette absence de parti pris et de convention rendait le duc d'Aumale très indépendant et le mettait à l'abri des entraînements que la mode impose à certains amateurs et surtout aux collectionneurs.

Collectionneur, il ne l'était d'ailleurs à aucun égard, et il n'a jamais acquis une œuvre qui ne l'ait séduit par la pensée qu'elle faisait naître en la contemplant.

Lorsqu'il décrivait un tableau, il ne commençait pas par en vanter l'exécution ; ce n'est qu'après en avoir fait ressortir la valeur, au point de vue de l'histoire, de la philosophie ou de la poésie, qu'il s'occupait du dessin et de la couleur. Il justifiait ainsi une remarque de notre confrère M. Georges Lafenestre qui dit quelque part « qu'en France, nous restons plus littéraires qu'artistes, recherchant plus l'intérêt dramatique ou historique et les impressions sentimentales, que les qualités du dessinateur ou du coloriste ».

Quoi qu'il en soit, il n'est rien que le prince ait autant aimé que l'art, après l'armée et la patrie. Dès son enfance, il maniait le crayon dans le salon de la reine, sa mère, où tout le monde s'essayait à le tenir, et, tout jeune encore, avant d'avoir quitté les bancs de l'école, il faisait l'acquisition des tableaux de Bellangé et de Charlet qui le remuaient et le faisaient vibrer dans sa jeune âme d'artiste et de soldat.

Puis vient l'époque de la vie militaire, de la vie brillante et glorieuse, l'époque la plus heureuse de cette vie qui sera si triste. Jusqu'en 1848, la vie des camps et les batailles ne lui laissent guère de loisirs pour s'occuper d'acquisitions et d'œuvres d'art. N'est-ce pas cependant le héros d'Afrique qui aide encore les artistes? mais c'est en leur fournissant des sujets dignes de leur patriotisme et de leur talent.

Aux rayons de gloire qui éclairaient les brillants débuts de ce jeune homme âgé de 26 ans, succèdent brusquement les obscurités, les tristesses et les amertumes de l'exil. Nul peut-être n'a plus souffert que le duc d'Aumale d'être condamné à vivre en dehors de son pays. Il était reçu à l'étranger avec les égards, avec l'empressement et avec le plaisir qu'inspiraient sa situation, sa réputation et, par-dessus tout, son exceptionnelle distinction. Mais qu'est-ce que l'accueil le meilleur et qu'est-ce que les consolations les plus affectueuses, lorsque la pensée est loin de l'endroit que l'on habite et lorsque le cœur continue à saigner d'une plaie toujours ouverte pendant les joies d'une fête et pendant l'éclat d'une réception?

Ses véritables consolations dans l'exil ont été le travail et son goût pour les choses d'art.

Dès 1830, l'héritage des Condés lui avait donné, en même temps que le domaine de Chantilly, une série de tableaux dont plusieurs provenaient du grand Condé. Parmi ceux-ci se trouvaient les deux beaux Van Dyck représentant le comte de Berghe et la duchesse d'Arenberg, le portrait du grand Condé, un Largillière et surtout les tableaux de la galerie des batailles, peints par Sauveur Lecomte, l'élève de Van der Meulen.

En 1851, le prince rachète la galerie de son beau-père le prince de Salerne et, après en avoir revendu une partie, il garde soixante-douze tableaux. La plupart sont italiens, mais dans cette collection se trouvent aussi quelques flamands et quelques français. Parmi ces derniers, sont les *Trois Ages*, de Gérard, et la *Françoise de Rimini*, par Ingres. A la succession du duc d'Orléans, il achète l'*Assassinat du duc de Guise*, par Paul Delaroche, et le prince cherchait d'ailleurs toutes les occasions de reprendre les tableaux venant de la galerie de son père au Palais-Royal ; ce furent tour à tour : deux Philippe de Champagne, un Decamps, un Géricault, un Boilly, un Lancret, un de Troy, etc.

Successivement, il fait l'acquisition de nombreuses toiles, soit dans les ventes publiques, soit par l'intermédiaire de Colnaghi, le marchand de Londres si justement connu, et, en 1861, 270 tableaux font déjà l'ornement d'Orléans-House. En 1868, il devient acquéreur de la collection du marquis Maison : huit Decamps, des Marilhat, des Prud'hon, des Watteau et des Greuze. Puis vient la collection Lenoir, composée de 130 crayons et d'une soixantaine de portraits à l'huile parmi lesquels le portrait du grand bâtard de Bourgogne, le *Molière* par Mignard, *Mazarin*, par le même, *Henri IV* par Porbus et enfin, en 1878, la collection Reiset fait entrer dans le musée de Chantilly quarante toiles de l'école italienne, flamande ou française ; presque toutes sont d'une rare beauté.

L'achat des grandes collections n'empêchait pas les acquisitions partielles. C'est ainsi que des chefs-d'œuvre comme la *Vierge d'Orléans* et les *Trois Grâces*, par Raphaël, le *Ruysdael* de San Donato, le *Gaston d'Orléans*, par Van

Dyck, le *Dragon* et les *Cuirassiers*, par Meissonier, le *Diptyque* de Memling, pour ne parler que de quelques-uns, viennent se joindre à ce merveilleux ensemble. Les dernières acquisitions du prince furent les quarante miniatures de Jean Fouquet achetées à M. Brentano, de Francfort, en 1890, et l'incomparable devant de coffre peint par Filippino Lippi (vente Leclanché).

En faisant cette rapide énumération, je n'ai nullement l'intention de rappeler toutes les peintures contenues dans le musée Condé, et ce travail serait vraiment bien inutile. Il a été exécuté d'une manière absolument parfaite par notre confrère M. Gruyer, et peu de collections ont eu la bonne fortune d'avoir un historien aussi érudit, aussi consciencieux et aussi distingué que l'auteur des trois beaux volumes intitulés : *la Peinture à Chantilly*. Ce que je voulais indiquer, en parlant des acquisitions faites par le duc d'Aumale, c'est la passion que lui inspiraient les œuvres d'art. Et cette passion n'avait pas seulement pour objet les tableaux. Rien n'échappe à ses recherches. Les aquarelles, les dessins, les manuscrits et les estampes forment, au musée Condé, une collection non moins précieuse que les peintures. Plus de 689 dessins recueillis à Chantilly ont été tracés par les maîtres les plus illustres des écoles italienne, flamande, allemande, hollandaise et française. Il n'est pas d'artiste célèbre ou même connu qui ne soit dignement représenté dans cette série, et combien de ces feuilles ou de ces parchemins sont des chefs-d'œuvre qui parlent à notre cœur et à notre esprit avec la même éloquence et avec la même force qu'une œuvre plus considérable et plus complète ! Les portraits qui, parfois, expliquent si bien l'histoire sont en grand nombre dans les galeries et dans les couloirs de Chantilly : 400 provenant de la collection Lenoir et de celle de lord Carlisle représentent les personnages illustres du xvie siècle et ils sont dus au crayon des Clouet et de leurs élèves; puis viennent 480 portraits à l'aquarelle par Carmontel — véritable galerie de la société française dans la seconde moitié du XVIIIe siècle — et enfin 600 portraits et dessins de Raffet.

Après les miniatures et les dessins, il faut citer la collection d'estampes, composée de 3 000 pièces. Celle-ci a été formée entièrement par les soins personnels du duc d'Aumale et il a acheté ces estampes une à une. Un grand nombre d'entre elles sont signées de Marc-Antoine Raimondi, de Rembrandt et d'Albert Durer. Elles sont parmi les meilleurs spécimens de ce que l'art du graveur a exécuté de plus parfait. Notre confrère M. Duplessis en a fait un catalogue excellent et très complet.

Les œuvres d'art provenant des époques grecque et romaine ne sont représentées, dans les collections de Chantilly, que par un nombre d'objets assez restreint, mais tous sont excellents et ils témoignent de la science et du goût de celui qui les a acquis.

C'est ainsi qu'à côté de vases grecs, de gracieuses figurines de Tanagra et de jolies statuettes en bronze, se trouve l'admirable Minerve, cette petite merveille dont la beauté peut rivaliser avec celle des statues les plus célèbres. Elle a une singulière histoire, la petite Minerve, si noble dans son expression et si étonnante dans son exécution. Un collectionneur, M. de Pourtalès, se promenait aux environs de Lausanne, lorsqu'un paysan, en donnant

un coup de pioche, découvrit la déesse. Il l'offrit à la pre-
mière personne qu'il rencontra, et moyennant, 20 francs,
le marché fut conclu. Le duc d'Aumale s'en rendit acquéreur lors de la vente Pourtalès et lorsqu'il s'absorbait parfois dans sa contemplation, on l'entendait qui se disait à
lui-même : « C'est le beau idéal, c'est le beau absolu. *Vera
incessu patuit Dea.* » Des émaux, des miniatures, des por-
celaines de Sèvres, de Chantilly et de Chine, un médaillier
contenant 3700 pièces et enfin quelques meubles superbes
du siècle dernier complètent le musée que le duc d'Aumale a légué à la France et dont il a voulu que l'Institut
fût le gardien.

Le château qui contient le musée Condé a été rendu
digne des richesses auxquelles il sert de cadre. C'est en
1383 que l'on trouve dans les archives les premières indi-
cations de travaux exécutés au château fort de Chantilly,
et ces travaux furent sans doute bien conçus, car ils per-
mirent à la forteresse de résister à une vigoureuse attaque
des Bourguignons en 1422.

Très peu de temps après, en 1429, le domaine entre dans
la possession de la maison de Montmorency. Les seigneurs
de la plus illustre famille de France prirent goût tout de
suite à cet endroit et ils y installèrent une habitation
moins primitive et plus luxueuse que le château fort qui
remontait probablement au Xe siècle.

Ils modifient le château moyen âge en lui donnant les
formes et les ornements dont la Renaissance italienne avait
apporté chez nous les modèles. Peut-être rechercherait-
on vainement en Italie un château comparable à celui dont

Du Cerceau nous a conservé l'image fidèle dans « Les plus excellents bâtiments de France ». Anne de Montmorency, le grand connétable, ajouta à son habitation le petit bâtiment que l'on nomme la Capitainerie et dont la construction fut confiée à Jean Bulland, l'architecte qui venait déjà de bâtir pour le connétable le château d'Écouen. Le Châtelet a échappé à la destruction des temps et des révolutions. Il reste tel qu'il était au XVIe siècle dans ses proportions parfaites et dans son harmonie si simple et si pure. Il est encore « comme un cygne endormi sur l'eau », ainsi que le duc d'Aumale décrivait son Châtelet. Le Prince avait un goût particulier pour cette partie de son habitation et ce goût était inspiré moins encore par les beautés de l'architecture que par les souvenirs du connétable. Il ne pouvait oublier que si Chantilly a reçu du grand Condé sa renommée et sa splendeur, ce sont les Montmorency qui l'ont créé et qui l'ont fait sortir de terre. Et puis, Anne de Montmorency était l'un des héros qu'il admirait le plus. Le « rabroueur », comme il l'appelait, bataillant toute sa vie, mourant sur le champ de bataille à 75 ans après avoir cassé la tête de son ennemi avec la crosse de son pistolet, lui semblait digne d'envie. Que n'avait-il pu lui-même servir son pays d'un bout à l'autre de son existence et mourir pour lui sur un champ de bataille! Il n'avait jamais souhaité autre chose, il n'avait jamais eu d'autre ambition!

La place d'honneur au palais rebâti sera donc réservée au connétable Anne de Montmorency. C'est lui qui, monté sur son cheval de guerre et tenant haut sa grande épée, recevra ceux qui se rendront dans la maison de ses ancêtres dont il semble être encore le maître et le protecteur. La reproduction des traits du héros fut confiée par le duc d'Aumale à M. Paul Dubois. Il ne vit la statue en place qu'au retour de son exil et elle lui causa une réelle émotion. Son admiration fut sans réserve, car l'artiste avait répondu à tout ce qui lui avait été demandé. Le duc d'Aumale aimait la statue du connétable et il plaça sur son piédestal l'inscription suivante : *Hic stat pro aedibus suis armas Montmorenci*, et lorsqu'il en parlait, il la comparait aux chefs-d'œuvre qui conservent à Venise l'image de Coléone et, à Padoue, celle de Guatemalata.

Le Châtelet fut la partie du château que le grand Condé, puis le duc d'Aumale choisirent pour y installer leurs appartements particuliers. Louis de Bourbon, abandonnant le château moyen âge, fit étudier par Mansart la décoration et la distribution du château construit par Jean Bulland. Les boiseries « d'un style aussi pur que riche » et la galerie des batailles devant contenir les tableaux qui représentaient « les actes de Monsieur le Prince » ont été exécutées à cette époque. Le grand Condé avait fait étudier en même temps les plans d'un château nouveau destiné à remplacer celui du moyen âge. Ce fut son fils qui réalisa ce projet et qui préféra la grande monotonie du château, dont le peintre Decort a conservé le souvenir, au palais pittoresque et élégant légué par les Montmorency et par la Renaissance.

La Révolution fit disparaître le château qui avait été construit à la fin du XVIIe siècle et cette disparition ne semble pas devoir entraîner beaucoup de regrets. Par bonheur, le Châtelet, transformé en prison, fut épargné par les destructeurs et put être ainsi conservé à notre admiration.

Le duc d'Aumale ne trouvait plus assez de place pour caser ses tableaux et ses collections, et lorsqu'il se décida, en 1875, à entreprendre la réédification de Chantilly, ce fut parmi les artistes qui devaient devenir bientôt des confrères qu'il choisit son architecte. Il a toujours entretenu ses visiteurs du rare bonheur qu'il avait eu de rencontrer un artiste qui avait compris ses désirs et ses volontés. Il se plaisait, en faisant les honneurs de son habitation, à rendre justice à M. Daumet, à faire valoir les difficultés qu'il avait été obligé de surmonter et à célébrer les grandes qualités de celui qui avait si bien réalisé ses projets. Que de fois, en montant le superbe escalier, a-t-il fait ressortir « les heureux effets que l'on a su tirer des plans obliques imposés par un pentagone irrégulier » ! que de fois a-t-il fait l'éloge « de son précieux collaborateur » !

De même que le château étudié par Mansart, celui que construisit M. Daumet dut conserver le contour et suivre le périmètre de l'ancienne forteresse. Le propriétaire de Chantilly n'admettait guère que l'on discutât l'emplacement du nouveau château. A ceux qui essayaient de lui dire que la place d'Armes, ce que l'on appelle « le Connétable », aurait pu servir de soubassement à une demeure qui aurait eu d'un côté la vue des grandes allées de la forêt et de l'autre les parterres dessinés par Le Nôtre, il répondait, avec un peu d'humeur, que tous ceux qui avaient planté leur maison dans le même endroit depuis neuf cents ans savaient ce qu'ils avaient eu à faire, qu'un château isolé sur cette grande place serait triste et monotone, qu'enfin il fallait, comme jadis, faire un ensemble de tous les bâtiments et relier le grand château au petit.

Il avait sans doute raison, car tous les avantages qu'il indiquait ont été certainement obtenus par les décisions qui ont été prises par lui.

Ce qui a été fait n'est nullement une restauration ni une reconstitution, c'est une création avec des dispositions entièrement neuves. Le Châtelet resta consacré aux appartements du duc d'Aumale, mais il s'agissait de le rattacher à la construction nouvelle.

Pour commencer, on exécuta dans les bâtiments du Châtelet la restauration des salons du premier étage, l'installation de la bibliothèque et de ses dépendances et le nouveau vestibule. Presque en même temps s'élevaient les constructions de l'escalier d'honneur, de la galerie des Cerfs, des galeries du Musée avec la salle octogonale dite « la Tribune », de la tour des Gemmes, de la galerie des vitraux de Psyché et de la galerie de peinture. Le logis, les portiques accompagnant la porte d'honneur et enfin la chapelle furent terminés en 1881. En 1883, une rampe en fer forgé complète la décoration du grand escalier, puis en 1889, après la donation de Chantilly à l'Institut, les logis furent transformés en salle de peinture, de dessins et d'objets d'art.

Si je n'ai pas essayé de décrire les tableaux de la galerie, je ne chercherai pas davantage à retracer la physionomie des différentes pièces du palais, ni l'aspect des façades. Des notices spéciales donneront les détails dans lesquels je ne puis pas entrer sans sortir du cadre de cette étude.

Je préférerais reprendre avec vous la promenade dont je parlais au commencement de cette notice, et suivre le duc d'Aumale lorsque, après vous avoir engagés à passer la journée à Chantilly, il vous tenait sous le charme de ses appréciations et de ses récits. Que ne puis-je rendre sa verve et son éloquence simple et entraînante! En pénétrant dans la galerie de peinture, on était tout de suite arrêté devant les *Cuirassiers* de Meissonier : « Voyez-vous ces hommes et ces chevaux, ils se préparent à charger, ils savent qu'ils vont passer par une épreuve terrible. C'est la grande poésie de la guerre ; la belle ordonnance du tableau a rendu toutes les sensations de ceux qu'il représente. » Un peu plus loin c'est le tableau de Fromentin qui évoquera de lointains souvenirs : « Les Arabes sont ceux dont il a partagé la vie. Il retrouve l'élégance native des hommes et la grâce de leurs chevaux, mais pourquoi Fromentin a-t-il choisi un ciel brumeux pour son tableau? Dans ses livres, il a mieux rendu l'éclat et l'ardeur du ciel du Sahara. »

Les *Enfants turcs à la fontaine,* de Decamps : « Un vrai morceau de soleil, celui-là, tout le panneau dont il fait le centre est illuminé par lui, et comme c'est peint! de l'émail ! » Et les *Foscari,* de Delacroix, un des tableaux qui l'émotionnaient le plus : « Le grand drame, deux actions, le vieux doge seul, accablé par la sentence qu'il vient de rendre, tandis que son fils, d'une pâleur cadavérique, est à demi rompu par le supplice de la question! »

Puis nous passons devant Corot, dont il vante « la douce mélancolie et les lumières pâles et indécises », et nous retrouvons encore Decamps, « la lumière intense, chaude et poudreuse d'une rue de ville d'Asie, un corps de garde dans l'ombre, où la pâleur blafarde d'un Turc gras s'oppose à la face maigre et tannée d'un Palikare ». Les portraits de Nattier, représentant Mlle de Clermont et la princesse de Conti dans leur déshabillé mythologique, font naître la remarque suivante : « Il faut avouer que ce sont de belles princesses ». Il en avait sans doute souvent rencontré de moins séduisantes. Quant à Poussin, « il est grand comme l'antique. » Le *Déjeuner de jambon*, de Lancret, reproduit les traits de personnages de l'époque, mais le prince ne peut pas les nommer : « Mon père, disait-il, les connaissait, et quand j'étais enfant, il me les nommait ; mais, maintenant, je les ai oubliés et personne ne redira plus leurs noms. »

Dans la Tribune, il s'arrêtait devant la figure énigmatique du prince de Talleyrand, et il disait : « C'est Scheffer hollandais, il est vivant, et remarquez la longueur et la forme des doigts de la main : ce sont les griffes du diable. » Et à propos du prince de Talleyrand, les anecdotes étaient nombreuses. Il racontait volontiers la présentation de l'illustre diplomate au prince de Condé sous le titre de prince de Bénévent. Le vieux Condé fit semblant de ne pas le reconnaître et lui dit : « Je suis heureux, Monsieur, de faire votre connaissance, et si jamais vous allez à Bénévent, permettez-moi de vous donner un conseil : méfiez-vous d'un certain évêque d'Autun que vous pourriez rencontrer par là, car c'est un fier coquin. »

Près du portrait de Talleyrand se trouve celui de Gaston d'Orléans, par Van Dyck. Il a été donné au roi Louis-Philippe par George IV parce qu'il représentait un de ses grands-pères. « Le roi d'Angleterre ne savait pas bien son histoire de France, mais on ne l'a pas détrompé, car sans cela le tableau ne serait pas à Chantilly. »

Devant le *Molière*, de Mignard, il remarque « qu'il a les yeux rouges du fard de la veille; il est encore au lit, quand Mignard entre soudain, le fait lever, lui jette une couverture sur les épaules et lui dit : «Assois-toi là, je vais faire ton portrait. » Un des Largillière a été acheté dans de singulières conditions : le marchand de Londres, Colnaghi, montrait un tableau et soutenait que c'était un portrait de Fénelon; le Prince lui assura le contraire. Colnaghi se croyait si sûr de son fait qu'il répliqua en disant qu'il céderait le tableau pour rien si on lui montrait son erreur. Le Prince sortit et revint quelques instants après avec une estampe qui était la gravure du portrait : « Gobinet, docteur en Sorbonne. » C'était Colnaghi qui avait vendu l'estampe, mais il ne fut pas obligé de tenir ses engagements. La *Mort du duc de Guise*, par Delaroche, a été achetée à la succession de la duchesse d'Orléans. Le duc d'Aumale racontait l'impression pénible qu'il éprouva lorsque la galerie de son frère fut vendue. Qui sait si cette impression, qui était restée très vive chez lui, ne fit pas naitre la pensée de la donation de Chantilly, pour que les tableaux et que les objets d'art qu'il aimait tant ne fussent pas dispersés à leur tour sous les coups du marteau d'un commissaire-priseur! Il était heureux d'avoir racheté ce tableau qui se trouvait jadis dans le cabinet de travail du duc d'Orléans, et il admirait « ce duc de Guise qui seul, étendu, terrassé en pleine lumière, est bien plus grand que le roi entouré de ses mignons et des assassins, tremblant dans l'ombre et n'osant même pas regarder sa victime. Deux scènes bien distinctes. »

Le célèbre tableau de Gérome, le *Duel après le Bal mas-*

qué, lui inspirait non moins d'admiration. Il disait en parlant de l'œuvre de son confrère et de son ami : « On voit la pâleur de la mort sous le fard », et il cherchait les sensations de l'âme dans l'exécution de l'œuvre du maître.

Dans la petite salle de la Smalah, il jetait un regard attendri sur la réduction du tableau de Vernet qui représente son père et ses frères : « Il n'y a plus que mon frère Joinville et moi », disait-il mélancoliquement. Mais il retrouvait sa verve devant la prise de la Smalah et l'assaut du col de Mouzaïah.

En entrant dans la petite pièce voisine de la galerie de Psyché, celle qui a reçu le nom de « Sanctuaire, » le duc d'Aumale semblait être pénétré de respect. S'arrêtant devant la *Vierge d'Orléans,* il disait : « L'enfant est divin, le front est lumineux, les yeux sont profonds et mélancoliques, il sait la tristesse de la terre, le sort qui lui est réservé, il est Dieu, mais il est homme aussi, et ses bras sont tendus avec tendresse vers sa mère. »

Ainsi que M. Gruyer le rappelle dans son livre, le Prince voulait surtout voir dans les *Trois Grâces* de Raphaël la femme maîtresse du monde aux trois âges qui répondent aux phases principales de sa beauté : « A droite, c'est la vierge, un léger voile, pas de bijoux; à gauche, la femme dans le plein de sa beauté : plus de voiles, de riches joyaux; au centre, tournant le dos, la femme dans toute sa maturité; des formes opulentes, des ornements, une coiffure savante; chacune tient non pas une pomme, mais un globe, ce qui signifie qu'à tout âge la beauté a l'empire du monde. »

Et à côté du Raphaël, l'admirable *Cassone* de Filippino Lippi et les *Heures*, faites pour maistre Estienne Chevallier, trésorier général de France, par Jehan Fouquet, retenaient le Prince et ses visiteurs.

Lorsqu'on passait dans la galerie des Batailles, les récits se succédaient devant chaque tableau. Et avec quelle sécurité et avec quelle verve! A Rocroi, il faisait voir l'aile droite des Espagnols s'avançant et aussi le chemin pris par Condé pour tourner l'ennemi. Arras et Aire, Nordlingen, Dunkerque, Lens et Seneffe, pour ne parler que de quelques-uns des « Actes de Mosieur le Prince », servaient de motifs à un véritable cours d'histoire.

L'émotion devenait grande et communicative lorsque, dans la vitrine du milieu de la galerie, le duc d'Aumale vous montrait le drapeau pris à Rocroi et surtout l'épée et les pistolets du grand Condé, les armes dont il s'était servi tant de fois pour traverser les lignes ennemies, pour ramener au combat ses troupes chancelantes, et pour assurer la victoire et le triomphe du roi et de son pays.

Un jour, nous nous trouvions en petit nombre au château de Chantilly, et après le dîner, le duc d'Aumale nous proposa de faire la lecture du récit des combats devant Fribourg, qui allait paraître prochainement. Il s'installa au bout de la bibliothèque, devant une petite table, le dos à la cheminée. Une lampe posée près de lui éclairait vivement sa figure et aussi un buste du grand Condé qui était placé derrière son fauteuil, tandis qu'elle laissait presque dans l'ombre le reste de la pièce.

Le Prince, avec sa voix légèrement nasillarde, mais cependant très vibrante, commença la lecture, et ses mains déformées par la goutte tournaient avec quelque gaucherie les feuillets du manuscrit. Petit à petit, sa figure s'anima et sa parole résonna comme un clairon de guerre. Il nous fit assister au défilé des armées de Turenne et de Condé prenant position pour attaquer les hauteurs occupées par Mercy : Fribourg est en effet le seul combat où les deux plus illustres généraux français se soient trouvés réunis en face du redoutable Bavarois. Et lorsqu'il décrit les troupes s'ébranlant, lorsque, repoussées d'abord, elles s'acharnent ensuite sans vouloir démordre et sans lâcher prise, il semblerait que l'on assiste à l'action, que l'on voit ces efforts désespérés, que l'on entend le bruit des coups échangés et les hourrahs des assaillants. La journée avait été chaude, et le lendemain Turenne écrivait : « C'est une des actions que j'aie jamais vues où les troupes ont témoigné le moindre estonnement pour en avoir tant de sujets. »

Le récit de semblables combats conté par un général et par un écrivain comme le duc d'Aumale, au milieu des souvenirs qui faisaient pour ainsi dire revivre l'un des héros de Fribourg, ne peut pas être oublié par ceux qui ont eu le bonheur de l'entendre,

Le duc d'Aumale réservait d'ailleurs de fréquents plaisirs de ce genre à ses hôtes de Chantilly. Les livres, les tableaux et surtout les portraits venaient en aide à sa prodigieuse mémoire.

Il avait une préférence marquée pour les vieux maîtres italiens qui réunissaient, suivant lui, au plus haut degré, les perfections du dessin, du coloris et de la composition. Cette préférence provenait peut-être aussi d'une sympathie qu'il ne cherchait pas à dissimuler pour le pays du Dante et de Raphaël.

Assurément aucun prince n'a jamais été plus français que lui et aucun caractère n'a mieux résumé que le sien les grandes qualités de notre race; mais le Prince avait aussi dans les veines du sang des Bourbons de Naples. Il ne manquait pas, chaque année, de retourner dans cette Sicile dont Renan nous a laissé une si belle description. Il aimait à séjourner dans son jardin embaumé et tout éctatant des plus vives couleurs, et il aimait à parcourir la campagne si belle et si fertile qui, descendant de Montréal jusqu'à Palerme, semble prendre la forme d'une corne d'abondance, comme pour déverser dans la mer ses fruits et ses trésors.

Les préférences marquées du Prince pour les vieux maîtres d'Italie n'excluaient aucun autre goût, ni aucune autre admiration. C'est ainsi que les écoles modernes et surtout notre belle école française avaient un puissant attrait pour lui, et qu'il recherchait toutes les occasions de se procurer les œuvres de nos grands artistes. Ingres et Delacroix, Decamps, Géricault et Delaroche, Corot, Rousseau et Dupré, Meissonier, Charlet et les Vernet étaient l'objet de ce culte qu'il avait voué aux peintres de notre siècle. Je ne parle que des disparus. Mais quelle affectueuse admiration ne témoignait-il pas à cette magnifique légion d'artistes qui allaient devenir ses confrères et ses amis! Ils m'excuseront de ne pas les nommer davantage, car il faudrait citer les noms de tous ceux qui m'entourent et dont les chefs-d'œuvre parlent plus éloquemment que mes paroles ne pourraient le faire. A Chantilly, nous retrouverons les statues, les tableaux, les gravures des maîtres qui furent chargés d'orner le palais et ses dépendances, et dont le talent restera l'honneur de notre époque. En attirant ainsi sous son toit toutes les célébrités de l'art moderne, en plaçant leurs œuvres à côté de celles des siècles passés, le duc d'Aumale a rendu un service dont l'influence sera considérable. Ils sont rares les amateurs qui ont le goût suffisant pour choisir et pour acquérir les œuvres des artistes, et s'il est difficile de ne pas se tromper en réunissant les œuvres d'art léguées par les temps qui nous ont précédés, il est certainement plus difficile encore de ne pas commettre d'erreur lorsqu'il s'agit de productions artistiques qui se font sous nos yeux, sans avoir reçu la consécration du passé. Il faudrait probablement revenir à près de quatre cents ans en arrière pour retrouver un prince aussi profondément épris de l'art de son pays que l'a été le duc d'Aumale. Les artistes de la Renaissance italienne avaient trouvé dans ceux qui régnaient à Rome, à Florence, à Boulogne et à Milan des protecteurs peu commodes et des amis parfois exigeants, mais qui ont singulièrement contribué à favoriser la production des chefs-d'œuvre, dont ils se disputaient la possession ou dont ils faisaient la commande.

Le duc d'Aumale a exercé une action analogue à celle des Médicis et des princes italiens, et son action sera encore plus durable que la leur, parce qu'il a mis à l'abri des secousses politiques et des changements de régime les œuvres anciennes et modernes réunies à Chantilly.

Lorsque la mort eut fauché autour de lui ceux qu'il aimait, lorsque le cœur du dernier de ses fils eut été déposé dans la partie de la chapelle de Chantilly qui contient les cœurs des Condé, quand tout ce qui était bonheur, avenir, espérance, eut disparu pour lui, il chercha la consolation de ses derniers jours dans le culte de l'Art et dans celui de la Patrie. Ces deux pensées furent unies dans la fondation qu'il résolut de faire et qui devait conserver à la France les plus beaux témoignages de son génie artistique dans le passé et dans le présent.

C'est ainsi que la demeure des Montmorency et des Condé, reconstruite et plus belle qu'elle ne le fut à aucune époque, remplie des œuvres d'art les plus remarquables et les plus rares, le parc avec ses dépendances et ses jardins, la pelouse bordée par les admirables bâtiments des grandes écuries, enfin le vaste domaine avec ses terres, ses étangs et ses forêts, furent légués à l'Institut de France.

Le Prince ne pouvait pas trouver de gardiens et de défenseurs plus respectueux et plus zélés que ceux qu'il avait chargés de protéger son œuvre d'artiste et de lettré, car chez eux le dévouement et le respect étaient doublés d'une profonde affection.

Depuis 1873, il faisait partie de l'Académie française, et en 1880, l'Académie des Beaux-Arts lui ouvrit ses portes. Il ne cachait pas le grand plaisir que lui avait fait cette dernière réception, et il appréciait hautement la société de ses nouveaux confrères. La camaraderie, la familiarité de bon aloi, l'esprit et la gaieté qui unissent les artistes plaisaient à sa nature très simple et très ouverte. Il y retrouvait quelque chose de la camaraderie militaire et, dans ces réunions où l'imprévu, l'originalité et la verve éclataient comme pétille le bon vin de France, le Prince oubliait les tristesses accumulées sur la fin de sa vie, pour se souvenir du début de son existence et des joyeuses réunions d'autrefois, à la veille de la bataille ou au lendemain de la victoire, pendant les belles années de l'Algérie.

Cette étude, consacrée à retracer quelques traits de la physionomie du duc d'Aumale, n'a pas d'autre prétention que de rappeler le confrère si parfait et l'amateur si éclairé que nous avons perdu. La tâche de redire ses hautes qualités, son grand cœur et l'esprit éminent qui le rangeaient parmi les hommes les plus illustres de notre temps, ne m'est pas réservée. Mais en terminant cette notice, le souvenir du grand Condé se présente encore à mon esprit, tant les belles figures de Louis de Bourbon et d'Henri d'Orléans sont inséparables dans le cadre de Chantilly.

Le septième et dernier volume de l'*Histoire des Princes de Condé* se termine par ces mots :

« La Bruyère pensait au grand Condé lorsqu'il écrivait ces lignes :

« Il apparaît de temps en temps sur la surface de la
« terre des hommes rares qui brillent par leurs vertus,
« et dont les qualités éminentes jettent un éclat prodi-
« gieux, semblables à ces étoiles extraordinaires dont on
« ignore les causes et dont on sait encore moins ce qu'elles
« deviennent après avoir disparu; ils n'ont ni aïeul, ni
« descendant. »

Le prince qui nous a quittés, lui aussi, n'a ni aïeul, ni descendant.

Paris. — Typographie de Firmin-Didot et Cⁱᵉ, impr. de l'Institut, rue Jacob, 56. — 37147